Cadmos Fotoratgeber

DOPPELLONGEN - ARBEIT

W0396036

Inhalt

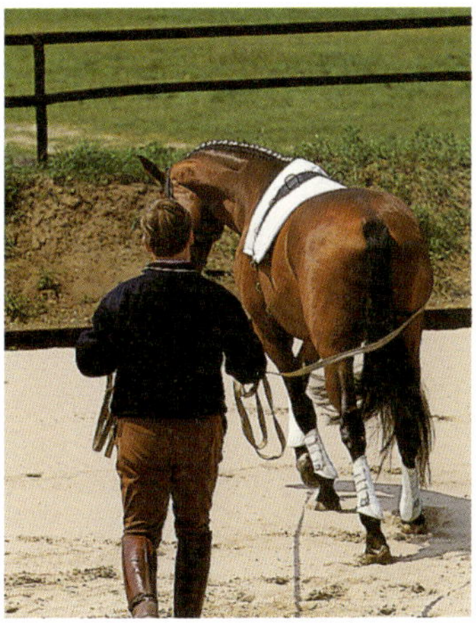

Die Arbeit mit der Doppellonge erfordert Geschick und Feingefühl, aber mit ihr kann auch ein höherer Ausbildungsstand erreicht werden als mit einfachem Longieren. Bevor Sie das Pferd mit der Doppellonge bekannt machen, sollte es mit den beim Longieren verwendeten Hilfen vertraut sein, besonders mit den Stimmkommandos für Halt, Schritt, Trab und Galopp. Vor jeder Doppellongenarbeit sollten Sie das Pferd longieren.

Wer mit der Doppellonge noch wenig Erfahrung hat, sollte zu Anfang stets die offene Methode anwenden, bei der die Longen direkt vom Gebiß zur Hand des Ausbilders laufen, was dem einfachen Longieren näher steht. Wenn etwas schiefgeht, kann der Ausbilder auf diese Weise schneller die Kontrolle wiedererlangen, genau wie beim Longieren; das ist nicht mehr so einfach, wenn die Longen durch die D-Ringe am Gurt laufen.

DIE AUSRÜSTUNG

DER GURT

Wählen Sie einen Longiergurt mit D-Ringen aus. Mehrere D-Ringe, die in verschiedenen Höhen angebracht sind, erlauben Ihnen, die Longe den Bedürfnissen des einzelnen Pferdes entsprechend zu verschnallen.

Mildern Sie Druckpunkte am Pferderücken durch das Unterlegen einer Satteldecke unter den Gurt.

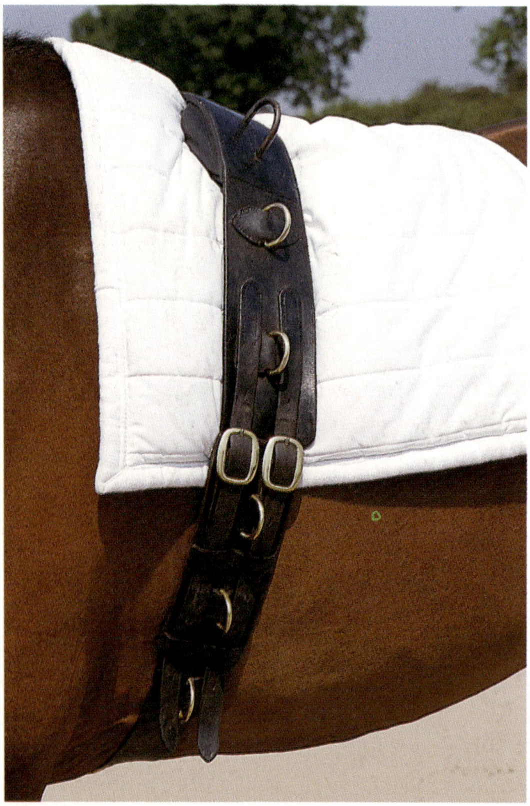

KAPPZAUM UND TRENSE

Ein Kappzaum, der mit weichem Leder abgepolstert ist, beugt Scheuerstellen vor. Vergewissern Sie sich, daß der Kehlriemen ausreichend fest ist, denn er verhindert, daß die Backenstücke dem Pferd über Gesicht und Augen rutschen.

Der Nasenriemen muß weit über den Nüstern des Pferdes sitzen, so daß es frei atmen kann. Legen Sie die Backenstücke der Trense über die Kappzaumverschnallungen.

DAS GEBISS

Ein Knebelgebiß verhindert, daß das Gebiß durch das Pferdemaul gezogen wird.

PAULS TIP

Ein doppelt gebrochenes Gebiß mit flacher Mittelplatte, Knebeln und Ösen hilft bei der Führung des Pferdes, indem es seitlich gegen das Gesicht drückt. Die Knebel sorgen auch dafür, daß das Gebiß beim Abwenden nicht durch das Maul des Pferdes gezogen wird.

DER SATTEL

Statt eines Longiergurtes kann auch ein Sattel verwendet werden. Wenn Sie das Pferd an die Doppellonge gewöhnen, binden Sie die Steigbügel mit einer Schnur herunter: knoten Sie ein Ende um den linken Bügel, ziehen Sie die Schnur am Bauchgurt entlang und fixieren Sie sie mit einem Knoten am rechten Steigbügel. Die Doppellonge kann nun durch die Steigbügel geführt werden.

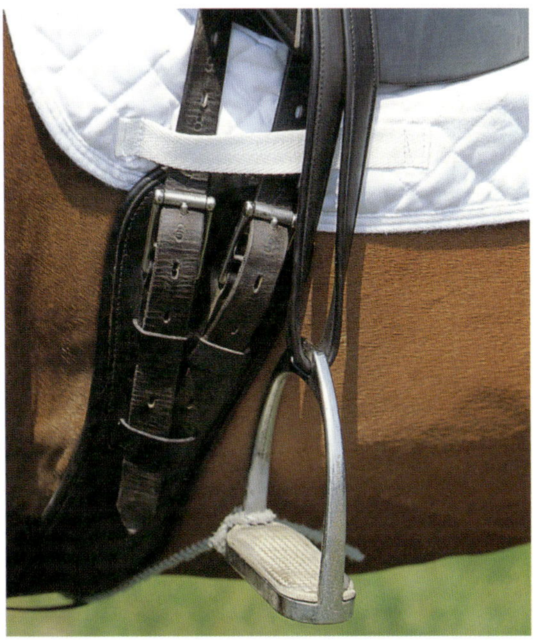

PAULS TIP

Treffen Sie einige Sicherheitsvorkehrungen: Tragen Sie einen Helm und Handschuhe, und wahren Sie immer einen sicheren Abstand zur Hinterhand des Pferdes.

DIE DOPPELLONGE

Die Doppellonge sollte rund acht Meter lang sein. Sie ist als Seil oder aus Baumwollgewebe erhältlich. Wichtig ist, daß sie sich in ihrer Hand ausbalanciert und leicht anfühlt.

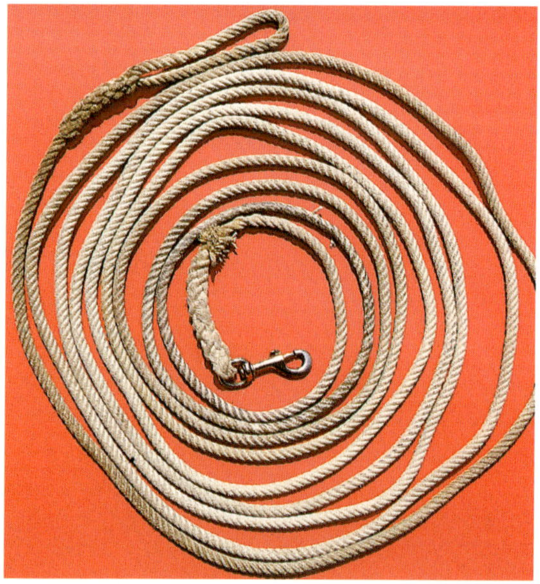

PAULS TIP

Benutzen Sie keine Nylonlonge. Longen aus Nylon verursachen sehr viel schneller Verbrennungen an den Händen und auch an den Seiten des Pferdes. Tragen Sie immer Handschuhe. Diese verhindern Verbrennungen, wenn das Pferd die Longe schnell durch Ihre Hände zieht.

Benutzen Sie eine weiche Doppellonge, diese gleitet leicht durch die Steigbügel oder D-Ringe.

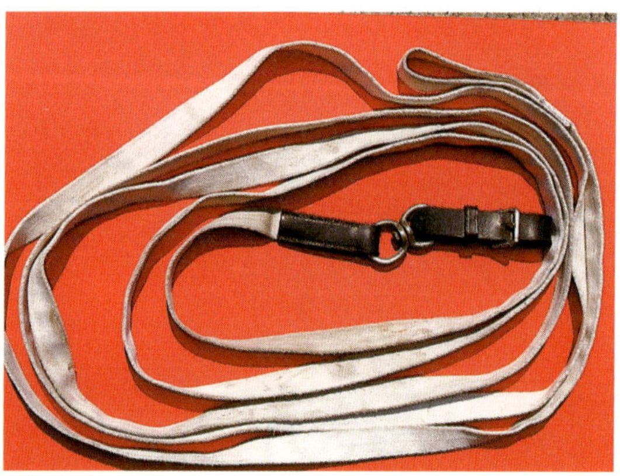

Neue Leinen bekommt man flauschiger, so daß sie sich „älter" anfühlen, indem man sie in einer Haarpflegespülung wäscht.

SCHRITT FÜR SCHRITT

SCHRITT 1

Die Doppellonge aufnehmen
Das richtige Aufnehmen der langen Zügel ist entscheidend für eine erfolgreiche Doppellongenarbeit. Es ermöglicht Ihnen, leichte und ausbalancierte Hände zu behalten, während Sie die Richtung ändern. Nehmen Sie sich die Zeit und versuchen Sie, die Technik in den Griff zu bekommen.

Benutzen Sie Ihre äußere Hand, um mehrere Längen des Innenzügels aufzuwickeln, und wickeln Sie mehrere Längen des Außenzügels mit Ihrer inneren Hand auf. (Innen und außen beziehen sich auf Ihre rechte und linke Seite; innen meint die Ihnen zugewandte Seite des Pferdes, also die, von der aus Sie es longieren würden.)

Wickeln Sie Innen- und Außenzügel weiter der Reihe nach auf, bis Sie dicht am Pferd sind.

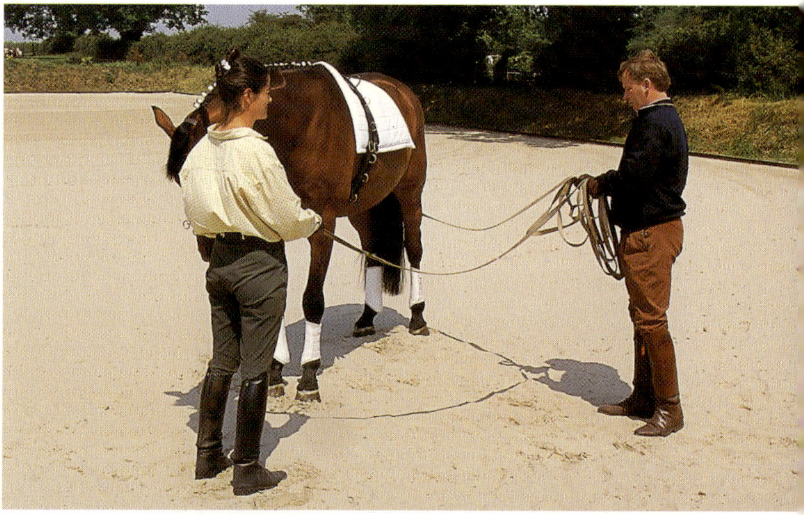

SCHRITT 2

Machen Sie das Pferd mit dem zweiten, äußeren Zügel bekannt

Das Pferd sollte bereits an einen langen Zügel, beispielsweise die Longe, gewöhnt sein. Führen Sie den zweiten langen Zügel, der zunächst über seinem Rücken liegt, erst dann ein, wenn Sie sicher sind, daß das Pferd ihn willig und ruhig akzeptiert. Beobachten Sie seine Reaktionen. Bleibt es ruhig, können Sie zum nächsten Schritt, dem Positionieren des äußeren Zügels, übergehen.

Zu Beginn befestigen Sie die Doppellonge am Kappzaum. Schnallen Sie die Zügel ans Gebiß, bevor Sie sicher genug im Umgang mit ihnen sind und der Bewegung des Pferdes folgen können, sonst können Sie leicht das Maul Ihres Pferdes ruinieren.

Auf Kleinigkeiten achten
Verbessern Sie Ihre Technik der Doppellongenarbeit dadurch, daß Sie auch auf geringfügige Kleinigkeiten achten. Auf dem Foto rechts beispielsweise ist ein Zügel unter der Satteldecke eingeklemmt. Geschieht so etwas, ordnen Sie den äußeren Zügel, bevor Sie weitermachen.

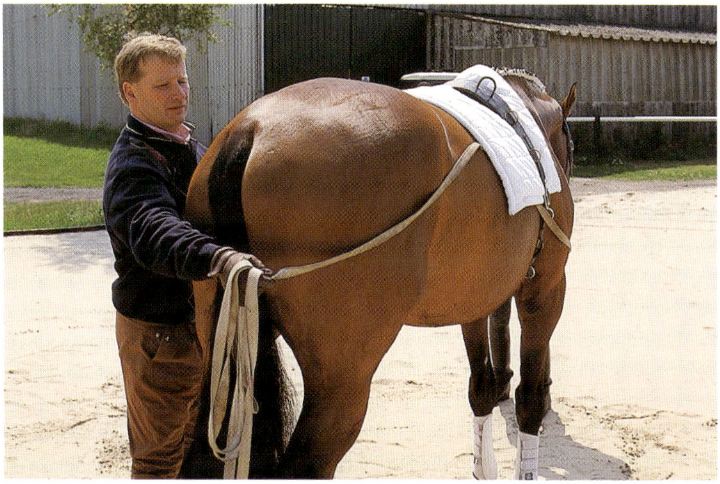

Den äußeren Zügel positionieren
Legen Sie den äußeren Zügel über die Kruppe. Er soll von der Kruppe bis zum Kopf lose hängen, darf jedoch nicht so weit durchhängen, daß er über den Schweif fällt.

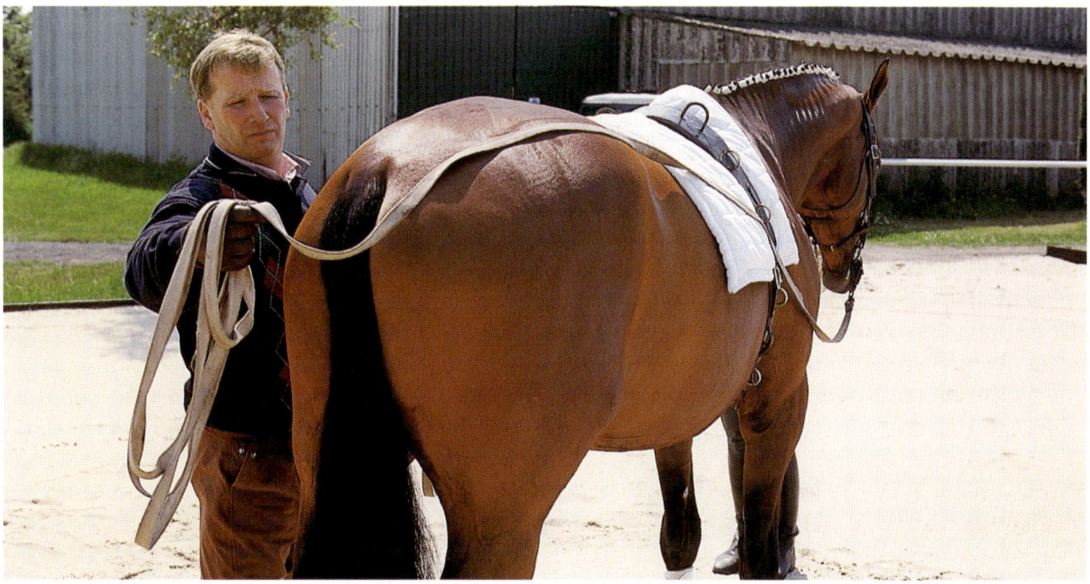

In der Bewegung
Lassen Sie den äußeren Zügel herunterrutschen, bis er oberhalb der Sprunggelenke ruht. Dieser Zügel entspricht dem äußeren Reiterschenkel und kontrolliert die Hinterhand.

Üben Sie Schritt 2 für ein bis zwei Wochen, und beginnen Sie mit Schritt 3 erst dann, wenn das Pferd

a. auf einem großen Zirkel auf beiden Händen gleich gut arbeitet;

b. gehorsam an den Hilfen steht;

c. vertrauensvoll und zufrieden die Doppellonge akzeptiert.

PAULS TIP

Achten Sie darauf, den äußeren Zügel nicht straff zu nehmen und daran zu ziehen, so daß er sich unter dem Schweif verfängt; das Pferd würde sich vermutlich erschrecken. Sie sollten die offene Methode mit direkter Zügelführung und auch Handwechsel im Schritt üben und erst dann zu schnelleren Gangarten übergehen, wenn Sie das Auf- und Abwickeln der Doppellonge sicher beherrschen.

Die Aufgabe des Helfers
Der Helfer klopft und beruhigt das Pferd, wenn Sie ihm neue Techniken beibringen.

SCHRITT 3

Handwechsel in der Bewegung. Üben Sie diesen neuen Bewegungsablauf im Schritt, bevor Sie zu schnelleren Gangarten übergehen. Lassen Sie das Pferd Schritt gehen und fordern Sie es auf, einer S-förmigen Linie zu folgen (beim Handwechsel in der Bewegung zeichnen die Hufspuren des Pferdes diesen Buchstaben auf den Boden des Reitplatzes). Planen Sie jeden Teil der S-Form voraus, bevor Sie das Pferd die Figur vollführen lassen, dann wird die Übung flüssig vonstatten gehen.

Erstens
Wechseln Sie von der linken auf die rechte Hand. Beginnen Sie die Figur, indem Sie das Pferd auf der linken Hand Schritt gehen lassen.

Zweitens
Sie befinden sich in einem 45-Grad-Winkel hinter dem Pferd und lassen es tief durch eine Ecke gehen. Die Reitbahnbegrenzung hilft ihm, die S-Figur zu beginnen, und hält es davon ab, schneller zu werden.

Drittens
Wickeln Sie mehrere Längen des linken Zügels mit der rechten Hand auf.

Viertens
Lassen Sie das Pferd auf den geraden Mittelteil des S zugehen, wobei Sie sich noch immer im 45-Grad-Winkel halten, jedoch in einer Position parallel zu seiner Hinterhand.

Fünftens
Das Pferd nähert sich nun der Mittellinie des Reitplatzes und ist noch immer leicht nach links gestellt. Lassen Sie mehrere Längen des rechten Zügels heraus und bewegen Sie sich nach rechts (Foto oben).

Sechstens
Gehen Sie soweit vor, bis Sie auf der rechten Seite dicht hinter dem Pferd sind. Wickeln Sie mehrere Längen des rechten Zügels auf. Fordern Sie das Pferd auf, sich nach rechts zu stellen.

Siebtens
Das Pferd hat nun die Richtung von der linken auf die rechte Hand gewechselt, und Sie bewegen sich auf der zweiten Kurve der S-Figur (siehe Foto oben).

Achtens
Wickeln Sie mehrere Längen beider Zügel auf und gehen Sie im 45-Grad-Winkel zum Pferd weiter. Es bewegt sich nun durch die Ecke, in der Sie den Richtungswechsel begonnen haben (siehe Foto unten).

Neuntens

Sie haben nun die Hand gewechselt und das Pferd umgestellt. Üben Sie die einzelnen Abläufe eins bis neun so lange, bis Sie jeden Teil beherrschen und das Ganze zu einer einzigen flüssigen Bewegung wird. Achten Sie darauf, schnell genug zu sein und mit der Bewegung des Pferdes mitzukommen. Dabei sollten Sie immer Wert auf Ihre Sicherheit legen und nie zu dicht an der Hinterhand des Pferdes vorbeigehen.

Wenn das Pferd die Longe um seine Hinterhand zufrieden akzeptiert und Sie selbst flüssig die Longe auf- und abwickeln sowie in der Bewegung die Hand wechseln können, dann sind Sie bereit für Schritt 4.

SCHRITT 4

Die Doppellonge wird durch die D-Ringe geführt Es ist nun an der Zeit, die Doppellonge durch die D-Ringe am Longiergurt zu führen; diese Ringe verhindern, daß die Longe auf den Boden fällt. Zudem sorgt diese Verschnallung für eine indirekte Zügeleinwirkung, die Ihnen hilft, das Pferd ins Gleichgewicht zu bringen und einzurahmen. Beginnen Sie damit, daß Sie den Innenzügel durch einen hoch angebrachten D-Ring am Gurt fädeln. Der Außenzügel ruht lose auf dem Rücken des Pferdes.

PAULS TIP

Es ist sehr wichtig, nicht zu dicht hinter das Pferd zu kommen beim Wechsel der Seite. Denken Sie daran, daß Sie getreten werden könnten!

Akzeptiert das Pferd den Außenzügel willig, können Sie dazu übergehen, es an den Innenzügel zu gewöhnen. Longieren Sie das Pferd im Schritt und Trab auf einem Zirkel, wobei der Innenzügel durch den D-Ring verläuft, der Außenzügel ebenfalls durch seinen D-Ring und über den Rücken des Pferdes. Arbeiten Sie mit dem Pferd so lange auf dem Zirkel, bis es auf beiden Händen sicher geht. Erst dann lassen Sie es gerade Linien gehen.

Das Pferd muß leichte, unterstützende und vorwärtsweisende Anlehnung zu Ihrer Hand annehmen.
Ein leichter Kontakt muß dem Pferd angenehm sein; es soll nicht dagegenziehen oder sich „stark" in der Hand des Ausbilders anfühlen.
Um eine vorwärtsweisende Anlehnung zu erzielen, treiben Sie das Pferd an, bis es selbst den unterstützenden Kontakt aufnimmt.
Die Hände des Ausbilders müssen den Vorwärtsschub durch die Zügel hindurchkommen lassen und dabei gleichzeitig eine Verbindung mit dem Pferdemaul aufrechterhalten, so daß es von selbst aktiv an die Hand herantritt.

Um das zu erreichen, müssen Arme und Zügel von den Ellbogen über die Hände bis zum Gebiß eine direkte Linie zeigen, und Sie müssen die Zügel führen, ohne daran zu ziehen oder das Pferd in irgendeiner Form zu behindern.

Das Pferd fahren
Durch das Fahren wird das Pferd aktiviert und geradegerichtet. Der Innenzügel agiert dort, wo normalerweise der Innenschenkel des Reiters liegt, und das Pferd wird wie beim Reiten an den äußeren Zügel herangetrieben.

Diese Methode, Pferde zu fahren, erleichtert es, Wendungen und Übergänge zu üben. Sie können Takt, Anlehnung und Gleichgewicht verbessern, und das Pferd wird eine vermehrte Aufrichtung entwickeln.

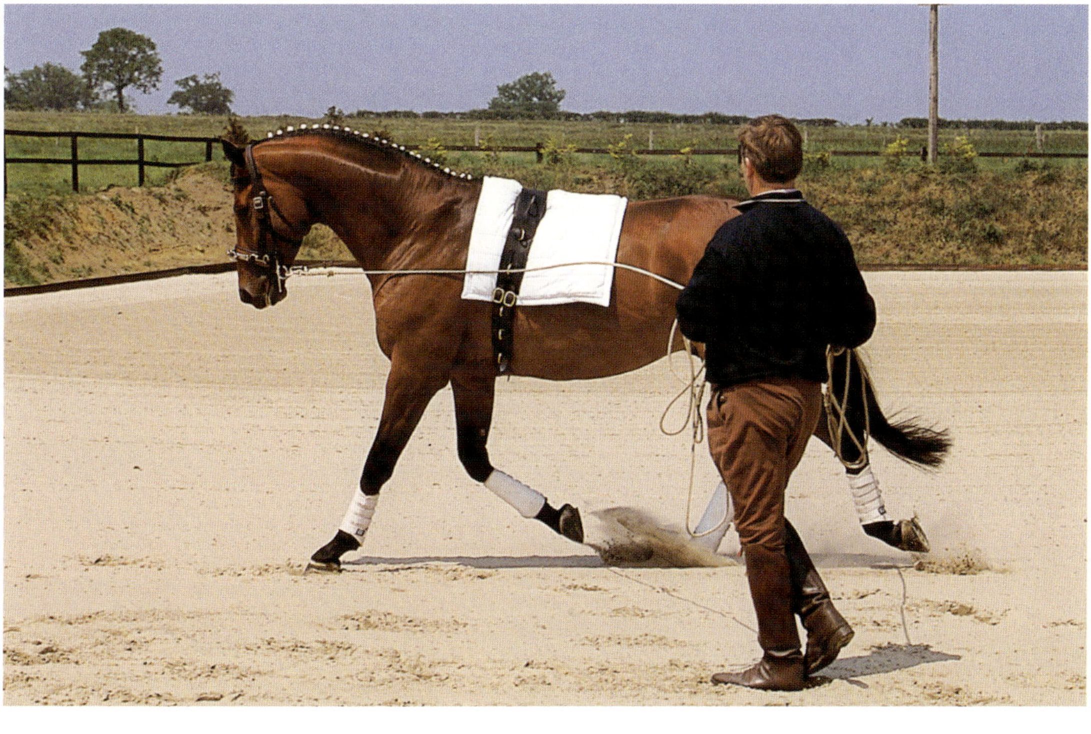

Denken Sie um Ihrer Sicherheit willen auch jetzt wieder daran, nicht zu dicht hinter dem Pferd zu gehen, denn es könnte sehr schnell rückwärts auf Sie zukommen.

Zu Beginn des Fahrens sollten Sie dafür sorgen, daß das Pferd frisch vorwärtsgeht. Bleiben Sie nicht hinter ihm zurück, so daß Sie an den Zügeln ziehen. Vermeiden Sie das auf jeden Fall – es hemmt den Vorwärtsdrang Ihres Pferdes. Halten Sie leichte Anlehnung und gehen Sie mit dem Pferd mit.

Zu Beginn werden Sie laufen müssen, wenn das Pferd trabt, aber nach einigem Üben sollte es in der Lage sein, ein langsames, kraftvolles Tempo zu gehen, bei dem Sie mithalten können, wenn Sie längere Schritte machen.

Der 45-Grad-Winkel
Diese Position gibt Ihnen die Möglichkeit, das Pferd verstärkt vorwärtszutreiben. Zudem erlaubt sie Ihnen, einen sicheren Abstand zu seinen Hinterbeinen beizubehalten.

Die Hinterhand aktivieren
Beobachten Sie, wie das Pferd seine Hinterbeine bewegt. In dem Augenblick, in dem das äußere Hinterbein weiter hinten ist als das innere, lassen Sie den äußeren Zügel leicht gegen das Pferd schlagen. Das bewirkt einen verstärkten Einsatz des inneren Hinterbeines.
Das Zügelschnalzen wirkt wie ein Druck des Reiterschenkels und fordert das Pferd dazu auf, das innere Hinterbein weiter unter den Körper zu setzen. Dadurch, daß der Zügel durch das äußere Hinterbein gehalten wird, wird der Zügelkontakt zum Maul nicht unterbrochen.

Den Innenzügel einsetzen
Wieder beobachten Sie zunächst die Hinterbeine des Pferdes. In der Sekunde, bevor es das innere Hinterbein vorsetzt, lassen Sie den inneren Zügel leicht gegen die Seite des Pferdes schnalzen, an genau der Stelle, an der ein Reiter eine Hilfe mit dem inneren Schenkel geben würde.

Dieser leichte Zügelschlag entspricht einer Schenkelhilfe. Er wird normalerweise bei der Arbeit auf geraden Linien eingesetzt, um das Pferd am äußeren Zügel zu halten.

Behalten Sie eine gleichmäßige Anlehnung am äußeren Zügel.

GLEICHGEWICHT

Sie können Energie einsetzen, um

a. das Pferd an das Gebiß herantreten zu lassen. Fordern Sie das Pferd auf, aktiv vorwärtszugehen, taktmäßig und im Gleichgewicht, dann wird es sich an das Gebiß herantasten. So festigen Sie die Arbeitstempi.

b. den Schwung zu erhalten. Das
1. leitet einen Teil der Energie auf die Hinterhand um;
2. veranlaßt das Pferd, weiter unterzutreten;
3. fördert die Versammlung;
4. entwickelt erhöhte Aufrichtung.

ÜBERGÄNGE

Die Übergänge sind die Eckpfeiler desDressurreitens. Sie lehren das Pferd, zwischen den unterschiedlichen Bedeutungen der Hilfen zu unterscheiden. So muß es beispielsweise die Fähigkeit entwickeln, zu unterscheiden zwischen einem Schenkeldruck, der mehr Versammlung fordert, und einem, der dazu auffordert, den Schwung in Vorwärtsbewegung umzusetzen. Übergänge verbessern Gleichgewicht und Hinterhandeinsatz des Pferdes. Arbeiten Sie das Pferd an der Doppellonge immer wieder in Übergängen vom Trab zum Schritt und vom Galopp zum Trab.

Achten Sie darauf, daß es auf treibende Hilfen zügig vorwärtsgeht und auf halbe Paraden reagiert. Bei den Übergängen zur langsameren Gangart soll es die Hinterhand gut untersetzen. Diese Arbeit zeigt Ihnen, daß das Pferd gelernt hat, die Hilfen gut umzusetzen, und sie fördert Aufmerksamkeit und Konzentration.

Fordern Sie zunächst nur einfache Übergänge. Erst wenn das Pferd die entsprechende Kraft entwickelt, fordern Sie häufigere und schwierigere Übergänge, zum Beispiel vom Schritt in den Galopp.

HALBE PARADEN

Durch halbe Paraden bewahrt man den Schwung. Pressen Sie einen oder beide Zügel zusammen (normalerweise geben Sie halbe Paraden auf der Außenseite), oder nehmen Sie einen oder beide Zügel leicht an, so daß Sie das Gefühl bekommen, leicht zurückzuhalten. Dadurch wird ein Teil der freien Vorwärtsbewegung des Pferdes auf die Hinterhand umgelenkt, und es setzt die Hinterhand besser ein.

Zu Beginn und damit Sie weich in der Hand bleiben, benutzen Sie Stimmkommandos zusammen mit den Zügelhilfen.

VERSAMMLUNG

Zunächst zielen Sie darauf ab, Ihr Pferd die Hilfen zu lehren und Arbeitstempi in den Gangarten zu erarbeiten. Das verbessert die Gänge: das Pferd dehnt und löst seine Muskulatur, wird geschmeidig und entspannt genug, um auf die Forderung nach vermehrtem Untersetzen gut anzusprechen. Nun können Sie es zum Anheben der Vorhand auffordern. Der Schwerpunkt des Pferdes verlagert sich, es nimmt mehr Gewicht mit der Hinterhand auf, und seine Gänge werden ausdruckvoller.

PAULS TIP

Hüten Sie sich davor, Ihr Pferd hinter den Zügel kommen zu lassen.
Um zu verstehen, was damit gemeint ist, stellen Sie sich eine Linie vom Genick des Pferdes über seine Nase bis zum Boden vor. Kommt die Nasenlinie hinter diese gedachte Linie, erkennen Sie, daß das Pferd hinter der Senkrechten, also hinter dem Zügel ist. Das junge Pferd sollte seine Nase fünf bis zehn Prozent vor der Senkrechten halten, und die Nase des weiter ausgebildeten Pferdes sollte bis zu fünf Prozent vor dieser Linie sein.
Denken Sie daran, daß das Pferd das Gebiß suchen und nicht einfach in eine Position gezogen werden soll, die der gewünschten Stellung ähnelt.

Das Pferd bewegt sich in guter Haltung für ein Jungpferd (oben).

Vermehrtes Untersetzen und eine höhere Aufrichtung (unten und Foto nächste Seite).

DIE DOPPELLONGE IN DER PFERDEAUSBILDUNG

Ein erfahrener Ausbilder weiß, wann er auf ein Pferd Druck ausüben und wann der Druck enden muß. Die geübte Hand beispielsweise erhält das Gleichgewicht des Pferdes durch die Anlehnung. Die Hand schult und formt das Pferd einfühlsam: sie bietet Anlehnung, wenn das Pferd sich am Zügel anbietet, und stabilisiert das Gleichgewicht, wenn es sich zu sehr auf den Zügel legt. Die verständnisvolle Hand agiert, sie reagiert nicht.

Zunächst schulen Sie sich selbst darin, mit dem Pferd im Einklang zu arbeiten. Mit steigender Übung jedoch werden Sie fähig sein, eine zunehmend aktivere Rolle im Training einzunehmen. Lernen Sie Ihr Handwerkszeug, zum Beispiel, wie die Hilfen die Bewegungen des Pferdes beeinflussen, dann können Sie beginnen, das Pferd auszubilden. Sind Sie so weit fortgeschritten, können Sie aktiv Einfluß nehmen. Sie werden wissen, wie Sie gute Resultate erzielen, und dies durch Beharrlichkeit, Wiederholung und gute Beobachtung tun. Die Doppellongenarbeit erlaubt es Ihnen, Übungseinheiten ohne Reitergewicht oder eine Störung des Gleichgewichts Ihres Pferdes zu trainieren. Dem Pferd sollte die Doppellongenarbeit Freude machen, und es sollte willig und zufrieden auf die Forderungen des Ausbilders reagieren.

PAULS TIP

Achten Sie darauf, den Kopf des Pferdes nicht künstlich in eine höhere Aufrichtung zu zwingen - es ist ein Irrtum, daß dadurch die Vorhand erhabener wird. Die Folgen können verheerend sein: die Rückenmuskeln ziehen sich zusammen, da Pferd schleppt seine Hinterhand nach und drückt den Rücken durch.
In der Versammlung wird das Pferd auf der Vorhand leichter und richtet Kopf und Genick auf natürliche Weise auf.

DER BEWEGUNG FOLGEN

Folgen Sie jederzeit und in allen Gangarten der Bewegung des Pferdes; das ist entscheidend für jede weitere Ausbildung des Pferdes an der Doppellonge.

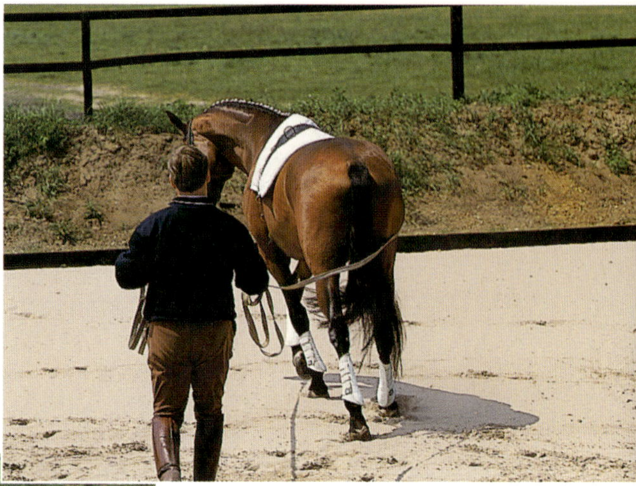

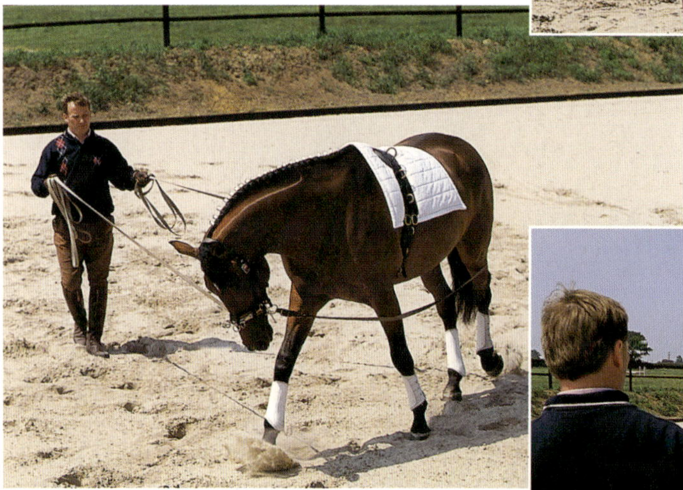

Bücher für Pferdeleute

Angelika Schmelzer
Longieren - leicht gemacht
Übungen für sicheres gekonntes Longieren, Ausrüstung, Longiertechniken, Hilfestellung bei Problemen
ISBN 3-86127-507-4

Karin Drewes
Aufs Pferd gekommen I
Haltung und Pflege
ISBN 3-86127-508-2

Karin Drewes
Aufs Pferd gekommen II
Füttern, Training, Gesundheit
ISBN 3-86127-509-0

Birgit van Damsen
So werden Pferd und Reiter geländesicher
Training im Gelände und Straßenverkehr
ISBN 3-86127-506-6

Nikola Fersing
Geld- und Zeitspartips für Pferdeleute
Erschwingliches Reiten und richtige Zeiteinteilung
ISBN 3-86127-503-1

Silvia C. Hofmann
Western
Der Weg zum Westernreiter
ISBN 3-86127-502-3

Marie-Luise von der Sode
Der Gaul macht nicht mit
Lösungen für die Praxis
ISBN 3-86127-505-8

Heike Groß
Alte und unreitbare Pferde
Praxistips, Pflege, Gesundheit
ISBN 3-86127-504-x

Angelika Schmelzer
Umgang mit Hengsten
Erziehung, Haltung, Zucht
ISBN 3-86127-501-5

Erhältlich im Buch- und Reitsportfachhandel.
Prospekt anfordern bei:

CADMOS
PFERDEBÜCHER

Cadmos Verlag GmbH • Lüner Rennbahn 14 • D-21339 Lüneburg • Tel. 04131-981666 • Fax 04131-981668